My Bilingual Picture Book

O meu livro ilustrado bilíngue

Sefa's most beautiful children's stories in one volume

Ulrich Renz • Barbara Brinkmann:

Sleep Tight, Little Wolf · Dorme bem, lobinho

For ages 2 and up

Cornelia Haas • Ulrich Renz:

My Most Beautiful Dream · O Meu Sonho Mais Bonito

For ages 2 and up

Ulrich Renz • Marc Robitzky:

The Wild Swans · Os Cisnes Selvagens

Based on a fairy tale by Hans Christian Andersen

For ages 5 and up

© 2024 by Sefa Verlag Kirsten Bödeker, Lübeck, Germany. www.sefa-verlag.de

Special thanks to Paul Bödeker, Freiburg, Germany

All rights reserved.

ISBN: 9783756304417

Read · Listen · Understand

Translation:

Pete Savill (English)

Maria Rosa Kretschel (Portuguese)

Audiobook and video:

www.sefa-bilingual.com/bonus

Password for free access:

English: **LWEN1423**

Portuguese: **LWPT2529**

Good night, Tim! We'll continue searching tomorrow.
Now sleep tight!

Boa noite, Tim! Amanhã continuamos a procurar.
Dorme bem agora!

It is already dark outside.

Lá fora já está escuro.

What is Tim doing?

O que é que o Tim está a fazer?

He is leaving for the playground.

What is he looking for there?

Ele sai para o parque infantil.

O que é que ele procura lá?

The little wolf!

He can't sleep without it.

O lobinho!

Sem ele, o Tim não consegue dormir.

Who's this coming?

Quem é que está a chegar?

Marie! She's looking for her ball.

A Marie! Ela está à procura da sua bola.

And what is Tobi looking for?

E o que é que o Tobi procura?

His digger.

A sua escavadeira.

And what is Nala looking for?

E a Nala, o que é que ela procura?

Her doll.

A sua boneca.

Don't the children have to go to bed?

The cat is rather surprised.

Estas crianças não deviam ir já para a cama?

O gato está muito admirado.

Who's coming now?

E quem é que está a chegar agora?

Tim's mum and dad!
They can't sleep without their Tim.

A mamã e o papá do Tim!
Sem o seu Tim, eles não conseguem dormir.

More of them are coming! Marie's dad. Tobi's grandpa. And Nala's mum.

E aparecem ainda mais pessoas! O papá da Marie. O avô do Tobi. E a mamã da Nala.

Now hurry to bed everyone!

Agora depressinha para a cama!

Good night, Tim!
Tomorrow we won't have to search any longer.

Boa noite, Tim!
Amanhã já não precisamos de procurar.

Sleep tight, little wolf!

Dorme bem, lobinho!

Cornelia Haas • Ulrich Renz

My Most Beautiful Dream

O Meu Sonho Mais Bonito

Translation:

Sefâ Jesse Konuk Agnew (English)

Daniela Carneiro Lino (Portuguese)

Audiobook and video:

www.sefa-bilingual.com/bonus

Password for free access:

English: `BDEN1423`

Portuguese: `BDPT2529`

My Most Beautiful Dream

O Meu Sonho Mais Bonito

Cornelia Haas · Ulrich Renz

English — bilingual — Portuguese

Lulu can't fall asleep. Everyone else is dreaming already – the shark, the elephant, the little mouse, the dragon, the kangaroo, the knight, the monkey, the pilot. And the lion cub. Even the bear has trouble keeping his eyes open …

Hey bear, will you take me along into your dream?

Lulu não consegue adormecer. Todos os outros já estão a sonhar – o tubarão, o elefante, a ratinha, o dragão, o canguru, o cavaleiro, o macaco, o piloto. E o leãozinho. Até os olhos do urso estão quase a fechar…

Ei, ursinho, levas-me contigo para o teu sonho?

And with that, Lulu finds herself in bear dreamland. The bear catches fish in Lake Tagayumi. And Lulu wonders, who could be living up there in the trees?

When the dream is over, Lulu wants to go on another adventure. Come along, let's visit the shark! What could he be dreaming?

E assim, Lulu chegou à terra dos sonhos dos ursos. O urso está a apanhar peixe no lago Tagayumi. E Lulu pergunta-se: quem poderá viver lá em cima nas árvores?

Quando o sonho chega ao fim, Lulu quer viver outra aventura. Vem comigo, vamos visitar o tubarão! Com o que estará ele a sonhar?

The shark plays tag with the fish. Finally he's got some friends! Nobody's afraid of his sharp teeth.

When the dream is over, Lulu wants to go on another adventure. Come along, let's visit the elephant! What could he be dreaming?

O tubarão joga às caçadinhas com os peixes. Finalmente tem amigos! Ninguém tem medo dos seus dentes afiados.

Quando o sonho chega ao fim, Lulu quer viver outra aventura. Vem comigo, vamos visitar o elefante! Com o que estará ele a sonhar?

The elephant is as light as a feather and can fly! He's about to land on the celestial meadow.

When the dream is over, Lulu wants to go on another adventure. Come along, let's visit the little mouse! What could she be dreaming?

O elefante é leve como uma pena e pode voar! Está prestes a aterrar no prado celestial.

Quando o sonho chega ao fim, Lulu quer viver outra aventura. Vem comigo, vamos visitar a ratinha! Com o que estará ela a sonhar?

The little mouse watches the fair. She likes the roller coaster best. When the dream is over, Lulu wants to go on another adventure. Come along, let's visit the dragon! What could she be dreaming?

A ratinha dá uma volta pelo parque de diversões. A sua parte preferida é a montanha-russa.

Quando o sonho chega ao fim, Lulu quer viver outra aventura. Vem comigo, vamos visitar o dragão! Com o que estará ele a sonhar?

The dragon is thirsty from spitting fire. She'd like to drink up the whole lemonade lake.

When the dream is over, Lulu wants to go on another adventure. Come along, let's visit the kangaroo! What could she be dreaming?

O dragão tem sede por ter cuspido fogo. Ele gostaria de beber o lago inteiro de limonada!

Quando o sonho chega ao fim, Lulu quer viver outra aventura. Vem comigo, vamos visitar o canguru! Com o que estará ele a sonhar?

The kangaroo jumps around the candy factory and fills her pouch. Even more of the blue sweets! And more lollipops! And chocolate!
When the dream is over, Lulu wants to go on another adventure. Come along, let's visit the knight! What could he be dreaming?

O canguru salta pela fábrica de doces e enche a sua bolsa. Ainda mais rebuçados azuis! E mais chupa-chupas! E chocolate!

Quando o sonho chega ao fim, Lulu quer viver outra aventura. Vem comigo, vamos visitar o cavaleiro! Com o que estará ele a sonhar?

The knight is having a cake fight with his dream princess. Oops! The whipped cream cake has gone the wrong way!
When the dream is over, Lulu wants to go on another adventure. Come along, let's visit the monkey! What could he be dreaming?

O cavaleiro está a fazer uma batalha de bolos com a sua princesa de sonho. Ups! O bolo de chantilly falhou o alvo!
Quando o sonho chega ao fim, Lulu quer viver outra aventura. Vem comigo, vamos visitar o macaco! Com o que estará ele a sonhar?

Snow has finally fallen in Monkeyland. The whole barrel of monkeys is beside itself and getting up to monkey business.
When the dream is over, Lulu wants to go on another adventure. Come along, let's visit the pilot! In which dream could he have landed?

Finalmente nevou na Terra dos Macacos! Todo o bando está fora de si e a fazer macacadas.

Quando o sonho chega ao fim, Lulu quer viver outra aventura. Vem comigo, vamos visitar o piloto! Em que sonho terá aterrado?

The pilot flies on and on. To the ends of the earth, and even farther, right on up to the stars. No other pilot has ever managed that.
When the dream is over, everybody is very tired and doesn't feel like going on many adventures anymore. But they'd still like to visit the lion cub.
What could she be dreaming?

O piloto voa e voa. Até aos confins da terra e ainda mais além, até às estrelas. Nunca nenhum outro piloto o conseguiu.
Quando o sonho chega ao fim, já todos estão muito cansados e não querem viver mais aventuras. Mas continuam a querer visitar o leãozinho.
Com o que estará ele a sonhar?

The lion cub is homesick and wants to go back to the warm, cozy bed.
And so do the others.

And thus begins ...

O leãozinho tem saudades de casa e quer voltar para a sua cama quentinha e aconchegante.
E os outros também.

E assim começa ...

... Lulu's
most beautiful dream.

... o mais bonito sonho de Lulu.

Ulrich Renz • Marc Robitzky

The Wild Swans

Os Cisnes Selvagens

Translation:

Ludwig Blohm, Pete Savill (English)

Maria Rosa Kretschel (Portuguese)

Audiobook and video:

www.sefa-bilingual.com/bonus

Password for free access:

English: **WSEN1423**

Portuguese: **WSPT2529**

Ulrich Renz · Marc Robitzky

The Wild Swans

Os Cisnes Selvagens

Based on a fairy tale by

Hans Christian Andersen

English · bilingual · Portuguese

Once upon a time there were twelve royal children – eleven brothers and one older sister, Elisa. They lived happily in a beautiful castle.

Era uma vez doze filhos de um rei–onze irmãos e uma irmã mais velha, chamada Elisa. Viviam felizes num maravilhoso palácio.

One day the mother died, and some time later the king married again. The new wife, however, was an evil witch. She turned the eleven princes into swans and sent them far away to a distant land beyond the large forest.

Um dia, a mãe morreu e, pouco tempo depois, o pai decidiu voltar a casar. Mas a nova mulher era uma bruxa malvada. Ela transformou os onze príncipes em cisnes e expulsou-os para muito longe, para um país distante do outro lado da grande floresta.

She dressed the girl in rags and smeared an ointment onto her face that turned her so ugly, that even her own father no longer recognized her and chased her out of the castle. Elisa ran into the dark forest.

A madrasta vestiu à Elisa uma roupa esfarrapada e untou-lhe o rosto com uma horrível pomada, de tal maneira que o próprio pai não reconheceu a menina e expulsou-a do palácio. Elisa correu para o bosque sombrio.

Now she was all alone, and longed for her missing brothers from the depths of her soul. As the evening came, she made herself a bed of moss under the trees.

Estava agora completamente sozinha e com uma imensa saudade dos seus irmãos desaparecidos. Quando a noite caiu, ela deitou-se numa cama de musgo por baixo das árvores.

The next morning she came to a calm lake and was shocked when she saw her reflection in it. But once she had washed, she was the most beautiful princess under the sun.

Na manhã seguinte, ela chegou a um lago sereno e assustou-se quando viu o seu próprio rosto refletido na água. Mas, depois de se lavar, não havia no mundo uma princesa mais bela.

After many days Elisa reached the great sea. Eleven swan feathers were bobbing on the waves.

Passados muitos dias, Elisa chegou ao grande mar. Onze penas de cisne balançavam sobre as ondas.

As the sun set, there was a swooshing noise in the air and eleven wild swans landed on the water. Elisa immediately recognized her enchanted brothers. They spoke swan language and because of this she could not understand them.

Quando o sol se pôs, ouviu-se um farfalhar de asas e onze cisnes selvagens pousaram na água. Elisa reconheceu logo os seus irmãos enfeitiçados. Mas, como estes falavam a língua dos cisnes, ela não os podia compreender.

During the day the swans flew away, and at night the siblings snuggled up together in a cave.

One night Elisa had a strange dream: Her mother told her how she could release her brothers from the spell. She should knit shirts from stinging nettles and throw one over each of the swans. Until then, however, she was not allowed to speak a word, or else her brothers would die.
Elisa set to work immediately. Although her hands were burning as if they were on fire, she carried on knitting tirelessly.

Durante o dia, os cisnes voavam para longe e, à noite, os doze irmãos dormiam aconchegados uns aos outros dentro de uma gruta.

Uma noite, a Elisa teve um estranho sonho: a mãe contou-lhe o que ela podia fazer para libertar os irmãos do feitiço. Com urtigas, uma planta que queima e irrita a pele, ela devia tecer túnicas e atirar uma sobre cada um dos onze cisnes. Até estar pronta, ela não poderia dizer nem uma só palavra, pois a vida dos seus irmãos dependia do seu silêncio.
Elisa começou logo a trabalhar com afinco. Embora a pele das mãos ardesse como fogo, ela não parou de tecer.

One day hunting horns sounded in the distance. A prince came riding along with his entourage and he soon stood in front of her. As they looked into each other's eyes, they fell in love.

Um dia, soaram ao longe cornetas de caça. Um príncipe cavalgou até ela com o seu séquito de caçadores. Logo que pousaram os olhos um no outro, foi amor à primeira vista.

The prince lifted Elisa onto his horse and rode to his castle with her.

O príncipe ajudou Elisa a montar no seu cavalo e cavalgou com ela para o seu palácio.

The mighty treasurer was anything but pleased with the arrival of the silent beauty. His own daughter was meant to become the prince's bride.

A chegada da bela rapariga silenciosa não agradou nada ao poderoso tesoureiro. Tinha planeado que a sua própria filha fosse a noiva do príncipe.

Elisa had not forgotten her brothers. Every evening she continued working on the shirts. Onc night she went out to the cemetery to gather fresh nettles. While doing so she was secretly watched by the treasurer.

A Elisa não tinha esquecido os seus irmãos. Todos os serões, continuava a tecer as túnicas. Uma noite, saiu para o cemitério para colher novas urtigas e foi observada, às escondidas, pelo tesoureiro.

As soon as the prince was away on a hunting trip, the treasurer had Elisa thrown into the dungeon. He claimed that she was a witch who met with other witches at night.

Assim que o príncipe partiu para uma expedição de caça, o tesoureiro mandou prender Elisa numa cela. Acusou-a de ser uma bruxa e de se encontrar com outras bruxas à noite.

At dawn, Elisa was fetched by the guards. She was going to be burned to death at the marketplace.

De madrugada, os guardas foram buscá-la. Elisa iria ser queimada na praça.

No sooner had she arrived there, when suddenly eleven white swans came flying towards her. Elisa quickly threw a shirt over each of them. Shortly thereafter all her brothers stood before her in human form. Only the smallest, whose shirt had not been quite finished, still had a wing in place of one arm.

Logo que lá chegou, onze cisnes brancos voaram para junto dela. Elisa despachou-se a atirar as túnicas sobre os cisnes. De imediato, os seus irmãos recuperaram a sua figura humana. Só o mais novo, cuja túnica Elisa não tinha conseguido terminar, ficou com uma asa no lugar de um braço.

The siblings' joyous hugging and kissing hadn't yet finished as the prince returned. At last Elisa could explain everything to him. The prince had the evil treasurer thrown into the dungeon. And after that the wedding was celebrated for seven days.

And they all lived happily ever after.

Os irmãos ainda se estavam a beijar e a abraçar quando o príncipe voltou. Elisa podia, finalmente, explicar-lhe tudo. O príncipe mandou prender o malvado tesoureiro. Depois disso, as celebrações do casamento duraram sete dias.

E viveram todos felizes para sempre.

Hans Christian Andersen

Hans Christian Andersen was born in the Danish city of Odense in 1805, and died in 1875 in Copenhagen. He gained world fame with his literary fairy-tales such as „The Little Mermaid", „The Emperor's New Clothes" and „The Ugly Duckling". The tale at hand, „The Wild Swans", was first published in 1838. It has been translated into more than one hundred languages and adapted for a wide range of media including theater, film and musical.

Barbara Brinkmann was born in Munich in 1969 and grew up in the foothills of the Bavarian Alps. She studied architecture in Munich and is currently a research associate in the Department of Architecture at the Technical University of Munich. She also works as a freelance graphic designer, illustrator, and author.

Cornelia Haas has been illustrating childrens' and adolescents' books since 2001. She was born near Augsburg, Germany, in 1972. She studied design at the Münster University of Applied Sciences and is currently a professor on the faculty of Münster University of Applied Sciences teaching illustration.

Marc Robitzky, born in 1973, studied at the Technical School of Art in Hamburg and the Academy of Visual Arts in Frankfurt. He works as a freelance illustrator and communication designer in Aschaffenburg (Germany).

Ulrich Renz was born in Stuttgart, Germany, in 1960. After studying French literature in Paris he graduated from medical school in Lübeck and worked as head of a scientific publishing company. He is now a writer of non-fiction books as well as children's fiction books.

Do you like drawing?

Here are the pictures from the story to color in:

www.sefa-bilingual.com/coloring

www.ingramcontent.com/pod-product-compliance
Lightning Source LLC
LaVergne TN
LVHW070449080526
838202LV00035B/2777